L'HOPITAL MICHELIN

Les Allemands avaient largement escompté la stupeur que causerait en France la déclaration de guerre, mais ils n'avaient pas tenu compte de la réaction si prompte du patriotisme des Français.

Les premiers moments de saisissement passés, tous comprirent que chacun devait contribuer à l'organisation des forces et des ressources du pays en vue de la Défense Nationale.

Nous jugeâmes que nous pouvions rendre des services en créant un hôpital.

Les Préparatifs. — Au début de septembre 1914, la décision de transformer en ambulance un bâtiment neuf de quatre étages où étaient installés des magasins de pneumatiques, fut prise.

Ce bâtiment fut choisi parce que, vaste et bien aéré, et possédant deux ascenseurs spacieux qui desservent tous les étages ; les automobiles qui transportent les blessés de la gare à l'hôpital peuvent les amener jusqu'à ces ascenseurs, où le transbordement se fait à l'abri des intempéries avec la plus grande facilité.

La décision prise, pas une heure ne fut perdue, car chaque heure était précieuse. Immédiatement, les plans de la transformation furent faits et les ouvriers s'emparèrent du bâtiment et travaillèrent sans relâche.

Entre temps, nous avions cherché à nous procurer tout le mobilier nécessaire. Mais, partout les lits disponibles avaient été réquisitionnés. Les draps, les couvertures de laine, les médicaments même étaient difficiles à trouver, vu les grandes quantités nécessaires.

Un magasin de pneus d'autos avant sa transformation en salle d'hôpital.

Nous vîmes qu'il ne fallait compter que sur nous-mêmes et résolument nous avons fait face à la tâche.

Le personnel que la mobilisation nous avait laissé se mit courageusement à la besogne. Les menuisiers de l'usine se mirent à fabriquer des lits sur un type uniforme et pratique établi par nos dessinateurs, puis ils firent des tables de nuit, des tables mobiles à pansements et toutes les armoires nécessaires.

En même temps, coutil, laines, crin et capok étaient achetés, de la toile était prélevée sur nos approvisionnements et, comme on ne pouvait trouver dans notre ville toutes les quantités nécessaires, nos automobiles emportèrent dans différentes villes voisines, comme Roanne, Tarare, Saint-Étienne, Lyon, des employés qui allèrent y acheter la gaze, les couvertures, les couvre-pieds, le coton hydrophile, les produits pharmaceutiques et instruments de chirurgie nécessaires.

Les ouvrières de l'usine confectionnèrent matelas, traversins, oreillers, draps, coussins, chemises, caleçons, les vêtements d'hôpital pour les blessés, les alèzes, les ronds, les drains en caoutchouc furent fabriqués par nos caoutchoutiers. En un mot, tout le linge nécessaire à l'hôpital, aux blessés et au corps médical fut mis au complet.

MM. les docteurs Dionis du Séjour et Robert nous apportaient immédiatement leurs concours.

La salle d'opérations fut installée, la pharmacie établie et comme nous ne pouvions pas trouver en France de sérum antitétanique nous câblâmes à Londres

Le même magasin de pneus après sa transformation en salle d'hôpital.

et aux Etats-Unis, pour en commander une provision suffisante. Cette provision devait rendre, dès les premiers jours, les plus grands services, car on en manquait malheureusement en France.

Les premiers blessés. — Le 17 septembre au soir, les deux premières salles, l'une de 62 lits, l'autre de 63, sont prêtes. Le lendemain, d'autres salles le sont également, ainsi que la pharmacie, les chambres d'isolement, la lingerie, le magasin d'habillement, le service radiographique et un certain nombre de chambres d'infirmières.

Enfin, le 22 septembre, l'hôpital est complètement organisé : Docteurs, pharmacien, infirmières, sœurs de la Miséricorde, tout le monde est à son poste On n'attend plus que le premier convoi de blessés...

Il nous avait fallu exactement vingt et un jours pour mettre, jusque dans les plus petits détails, nos projets à exécution.

Le premier convoi est arrivé le 22 septembre. Les soixante-trois blessés qui le composent étaient des évacués des ambulances de l'arrière. Ces braves, après deux longues journées de voyage inconfortable, n'avaient qu'un désir, se reposer. Une toilette sommaire et les pansements que l'on refait, une distribution de bols de lait ou de tisane, puis rapidement on installe nos hôtes dans les bons lits blancs qui les attendent.

Ce premier contact avec les blessés aguerrit le personnel, qui va avoir besoin de tout son courage pour accueillir les prochains arrivants. C'est qu'il s'agit cette fois de grands blessés, de pauvres gars à la figure douloureuse, étendus sur des civières et incapables de faire un mouvement.

Ils nous sont arrivés au milieu de la nuit, venant tout droit de l'Argonne et de la Champagne, lamentables et sublimes, souillés de sang et de boue, leurs premiers pansements transpercés et à moitié défaits.

Maîtrisant son émotion, chacun s'empresse autour d'eux. Il s'agit de retirer tout doucement leurs vêtements et leurs chaussures, si durcies sur leurs pauvres pieds tuméfiés qu'il faut souvent couper le cuir.

Enfin, toilette et pansements sont terminés. Peu à peu le calme s'est rétabli. Au fond de leur lit, les braves ont repris figure humaine. Dans les salles,

Un des ascenseurs desservant l'hôpital.

qu'éclairent seulement les veilleuses, c'est à peine si quelques plaintes se mêlent encore à la respiration des dormeurs. Il est deux heures du matin...

Les infirmières volontaires maintenant rentrent chez elles. Hier encore ouvrières à l'usine, librement elles sont venues pour soigner les blessés. Elles ont fait tout ce qu'elles ont pu pour soulager tant de souffrances. Elles ont été courageuses, presque autant que les infirmières professionnelles qui les guidaient et leur servaient d'exemple. Mais, ce contact avec les grands blessés, cet effort bien plus moral peut-être que physique, leur laissera à toutes un impérissable et poignant souvenir.

Beaucoup d'autres convois ont suivi cette première arrivée. Beaucoup de nuits ont été semblables à celle-là. Mais, peu à peu, l'accoutumance est venue. L'émotion avec laquelle toutes les femmes dévouées reçoivent les blessés n'est plus celle, fébrile, de la première arrivée. Tout se passe, aujourd'hui, sans bruit et sans à-coups. Mais l'infinie et maternelle pitié, la bonne volonté qui ne se décourage pas, le dévouement patient avec lequel elles s'efforcent d'adoucir les souffrances et de vaincre la mort, tout cela demeure comme au premier jour.

La plupart des braves qui nous ont été confiés, nous ont quittés guéris.

Pourtant, malgré les soins minutieux et la sollicitude attentive, de pauvres soldats sont morts. Ceux-là reposent dans le petit cimetière que la municipalité de Clermont leur a réservé. Sur leur cercueil la palme des héros nouée du ruban tricolore a été déposée. Tous, en cortège, nous les avons accompagnés à leur dernière demeure. Leurs tombes sont cultivées avec piété, toutes les fleurs des saisons les fleurissent et nous prenons soin d'envoyer à la famille la photographie du coin de terre où repose le héros disparu.

Spécimen d'une des photos de tombe envoyées à la famille des blessés décédés à l'hôpital.

La salle d'opérations.

L'hôpital, ses salles et ses laboratoires. — L'hôpital compte trois cent vingt lits, répartis dans sept grandes salles : deux au rez-de-chaussée, deux au premier, et une à chacun des autres étages.

Ces salles, vastes, claires, aérées, sont parfaitement chauffées au moyen de radiateurs. Le numéro du lit est fixé sur une boîte qui contient, pour les lits occupés, la feuille de diagnostic, et pour les lits vacants une feuille d'inventaire et des numéros destinés au paquetage des effets du prochain occupant. Sous les lits, des porte-manteaux, tablettes servant à serrer les effets d'hôpital de chaque blessé.

Puis, à côté du lit, la table de nuit contenant un tiroir-boîte, fermant à clef, qui peut servir de pupitre. C'est là que le poilu met ses trésors : lettres du pays tant de fois relues, souvenirs rapportés du front, y sont rangés précieusement à côté de sa bourse.

Salle de pansements.

La salle d'opérations se trouve au deuxième étage.

L'éclairage en est parfaitement soigné : outre la lumière astrale, des lampes portatives latérales permettent d'éclairer la région opératoire. En cas d'extinction, une double canalisation fournit instantanément du courant aux lampes de secours. Un miroir de Clar, un aimant et un électro-vibreur, un négatoscope, d'un modèle inconnu dans le commerce mais spécialement pratique, sont alimentés par diverses autres prises de courant.

Un opéré fait toujours triste mine pendant les premières heures qui suivent la narcose. Nous avons pensé qu'il était préférable de le soustraire, pendant ces moments si pénibles, à la vue de ses voisins de lit. Une petite salle isolée a donc été installée, où les blessés passent la nuit qui suit l'opération sous la garde d'une infirmière. Ainsi, leurs cauchemars et leurs hauts-de-cœur, suites inévitables de l'anesthésie, n'incommodent ni n'impressionnent personne.

Pour les mêmes raisons, tous les pansements se font dans des salles spécialement aménagées à chaque étage. Enfin, d'autres petites chambres à deux lits

Salle d'appareillage et de plâtre.

reçoivent les malheureux dont l'état est particulièrement grave. Ils trouvent là le silence et la tranquillité. Cet isolement évite aux autres le spectacle pénible et déprimant de la souffrance.

Contiguë à la salle d'opérations, voici maintenant la salle d'appareillage. C'est là que se confectionnent tous les appareils en plâtre pour la réduction des fractures, et que s'exécutent tous les travaux d'ajustage et de fer forgé, les moulages, les plâtres à anses, en tubes, bref tous les appareils nécessitant une construction préliminaire.

Puis, le laboratoire de microbiologie qui a rendu aux médecins les plus grands services. Les préparations microbiennes obtenues ont facilité fréquemment les diagnostics et permis d'appliquer à temps un traitement approprié.

Enfin, le laboratoire de radiographie muni des appareils les plus modernes et les plus perfectionnés, et qui mérite que nous nous y arrêtions un peu.

Laboratoire de microbiologie. — Une analyse.

A l'ouverture de l'hôpital, nous avons utilisé l'installation qui fonctionnait déjà à l'infirmerie de l'usine pour les recherches et les observations des accidents du travail.

Mais, très rapidement, il fallut, devant l'importance de la radiographie dans les blessures de guerre, mettre notre radiographie en rapport avec les cas multiples qui se présentaient.

Cette nécessité devint d'autant plus urgente que sept hôpitaux de Clermont n'avaient aucune installation radiographique et s'adressèrent à nous pour radiographier leurs blessés.

Au début, notre installation se composait d'un appareil RADIGUET-MASSIOT avec bobine marchant sur courant continu.

En novembre 1914, nous avons installé un appareil GAIFFE à commutateur tournant, appareil d'une grande puissance, permettant d'exécuter des radiographies et des localisations de projectiles au $1/100^e$ de seconde.

Cet appareil comprend trois tubes PILON et un tube COOLIDGE.

Enfin, nous utilisons pour les opérations sous-écran une table d'examen radioscopique, modèle du docteur BELLOT.

Dans les diverses salles, les blessés sont amenés soit directement, soit par des ascenseurs, sans fatigue et sans heurt, sur des chariots légers montés sur roues caoutchoutées.

Il faut faire une place à part au service de mécanothérapie.

A côté d'exerciseurs, on trouve des extenseurs des membres inférieurs, faits de bandes de caoutchouc prises dans les chambres à air de pneus voitures, des sacs de sable de poids différents et gradués, attachés à des câbles passant sur des poulies, des pédales reliées à des points fixes toujours par des bandes de caoutchouc. D'autres appareils construits suivant les mêmes principes servent aux flexions des doigts et de la main. Le service dispose également de boîtes pour les bains de lumière complets ou locaux et d'un chauffage à air sec à 110°.

La pharmacie de l'hôpital, elle aussi, est munie d'un matériel très complet. Elle est même pourvue d'une bassine à vapeur sous pression de 6 kilogrammes, qui permet la préparation très rapide de l'eau stérilisée, seule employée dans la préparation des boissons rafraîchissantes mises à la disposition des blessés.

Notre excellent approvisionnement pharmaceutique nous a permis de rendre, au dehors, à plusieurs reprises, quelques services.

Au moment de la bataille de la Marne, l'affluence des blessés était telle que l'Institut Pasteur, débordé, ne pouvait fournir les quantités énormes de sérum antitétanique qui lui étaient demandées. Or, dans tous les hôpitaux, la lutte contre le tétanos était, à ce moment-là, terrible. Nous avons pu alors céder cinq cents

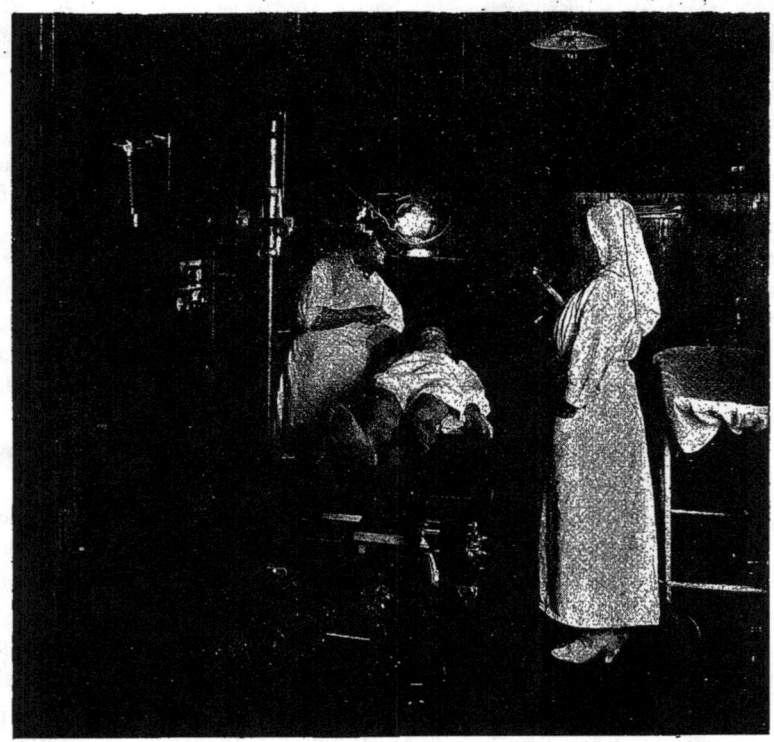

Salle de radiographie.

doses de sérum à la Direction du Service de Santé de la 13e région. D'autres quantités furent fournies à la place du Mont-Dore et aux hôpitaux de Royat. Un hôpital de Saint-Etienne nous en demanda un jour télégraphiquement des doses qui lui parvinrent à temps. Notre stock fut prudemment et immédiatement reconstitué. Et, après l'offensive de Champagne, d'autres hôpitaux purent encore s'adresser utilement à nous.

Le coiffeur de l'hôpital.

En mai 1915, il nous a en outre été possible d'envoyer à la Mission Médicale Française de Serbie, qui se trouvait alors démunie de tout, une notable quantité de coton hydrophile, de gaze, de tarlatane, de grésyl, d'huile camphrée, d'éther, d'iode métalloïde, d'ampoules de caféine, de sérum antitétanique. Un lot important de linge, de chemises et de caleçons fut joint à cet envoi.

A la pharmacie se rattachent divers services. D'abord un laboratoire d'analyses qui permet, en dehors des recherches médicales, le contrôle régulier et rigoureux de tous les produits alimentaires qui nous sont livrés.

Enfin, se rattache encore à la pharmacie, le service de désinfection. L'étuve qui existe à l'hôpital n'aurait pas été suffisante en raison de l'importance du service chirurgical. Nous avons donc mis à sa disposition le laboratoire de notre usine qui

La pharmacie.

fonctionne avec des appareils de très gros débit. D'autres formations sanitaires de la région ont recours actuellement à notre service de désinfection.

— 11 —

Lorsque le blessé arrive, les vêtements qu'on lui retire sont envoyés directement à l'étuve où ils sont aseptisés au formol.

Les vêtements et le linge nettoyés et blanchis passent ensuite à l'atelier de

Lingerie.

réparations. Là, ils sont raccommodés avec soin et tout ce qui n'est pas réparable est remplacé par du neuf. Puis un classement est fait qui permettra de rendre

Ateliers de réparation des vêtements.

en parfait état, à chacun des blessés, à leur sortie de l'hôpital, le petit bagage avec lequel ils sont arrivés.

La lingerie possède un stock de linge important qui permet de changer les blessés aussi souvent qu'il est nécessaire.

Disons, enfin, que tous les étages ont leurs lavabos, leurs W.-C. et des salles de bains. L'eau chaude est fournie par un appareil à vapeur dont le réservoir contient 300 litres qui sont chauffés en cinq minutes et distribués par canalisations à tous les services de l'hôpital.

L'Alimentation ; les régimes. — La question de l'alimentation nous a également préoccupés. Nous ne pouvions songer à installer les cuisines dans notre

Les Cuisines.

hôpital, mais le Personnel de l'usine qui avait fondé, depuis plusieurs années déjà, une Coopérative, consentit à mettre à notre disposition les cuisines de son restaurant.

En raison de l'éloignement de ces cuisines, il fallut pourvoir au transport des aliments. Des voitures montées sur pneumatiques furent aménagées, ainsi que des chariots alimentaires d'un type spécial avec récipient à l'eau chaude, afin d'assurer à chaque repas la distribution d'aliments chauds ; des tables et des armoires chauffantes furent également installées dans les salles de l'hôpital.

Après quelques semaines, la question des régimes se présente. Cette éventualité n'avait pas été envisagée au début, car on avait songé uniquement aux blessés et non aux malades. Une tisanerie fut installée à côté de la pharmacie. C'est là qu'en plus des tisanes et boissons diverses, sont confectionnés les potages, les laitages, les crèmes, les jus de viande, que les œufs à la coque sont cuits et les viandes grillées.

A la fin de 1914, il y avait eu quelques cas de dysenterie. On interdit aussitôt aux blessés de boire de l'eau non stérilisée et le mal fut enrayé en peu de jours. Depuis les malades ont toujours eu à leur disposition une limonade rafraîchissante faite, suivant la formule des hôpitaux, à l'eau stérilisée et dont le goût est très agréable.

Rien n'égala l'étonnement des blessés en voyant qu'on guérissait la diarrhée avec de la limonade, pourvu qu'elle fût faite à l'eau stérilisée.

De cette expérience, faite sur leurs propres intestins, beaucoup retirèrent une grande confiance dans les théories microbiennes et une grande admiration pour le nom de Pasteur.

Chariot alimentaire.

Qu'il y aurait intérêt à vulgariser davantage des idées si fécondes!

On sert aux nouveaux arrivants un repas complet si c'est le jour; du bouillon ou du lait chaud, à leur goût, si c'est la nuit.

Le réfectoire

Tous les poilus dont l'état le permet, vont prendre leurs repas dans le grand réfectoire, où le couvert est mis, toujours avec le plus de soins possible. Nous avons tenu, surtout, à rendre notre hôpital familial et à éviter tout ce qui pourrait lui donner un caractère d'hospice. Ainsi, les assiettes et les tasses y sont en faïence et non point en fer battu. Ce sont là des détails, mais ils ont pour les blessés une importance extrême. Ils donnent, si on peut dire, la teinte générale à la Maison. Les repas sont copieux ; ils se composent à midi et le soir d'une soupe, d'un plat de viande, d'un légume et d'un dessert, le tout arrosé d'un quart de litre de bon vin.

Toutes les grandes fêtes de l'année ont toujours été marquées par un menu soigné.

Voici, par exemple, les dîners de :

Noël 1915 :

Petit déjeuner : Café, Croissants.
Déjeuner : Consommé aux perles de Nizam.
Galantine de volaille.
Choux-fleurs.
Oie rôtie.
Gâteau de Noël.
Bordeaux.
Café.
Dîner : Consommé pâtes des Alliés.
Haricots verts.
Dinde rôtie.
Crème renversée.
Champagne.

du 14 juillet 1916 :

Petit déjeuner : Café, Croissants.
Déjeuner : Sardines et Salade de tomates,
Noix de veau braisée,
Petits pois à la française.
Fromage.
Bordeaux.
Café.
Dîner : Consommé pâtes des Alliés.
Oies flanquées au Champagne.
Haricots verts.
Gâteaux, pêches.
Fromages.
Champagne.

Les distractions. — Les blessés valides se réunissent dans une vaste salle, où ils occupent leurs loisirs librement, comme bon leur semble. Peu restent inactifs; certains travaillent le rafia, fabriquent des tapis, font du macramé. D'autres dessinent, peignent, s'appliquent aux arts décoratifs.

En général, — et la remarque n'est point sans valeur, — ils s'intéressent aux choses n'ayant guère de rapport avec leur métier habituel. C'est ainsi que les

Quelques travaux faits par les blessés.

Salle de travail.

cultivateurs se livrent volontiers à de délicats travaux féminins, demandant autant de goût que de minutieuse patience. — Un petit sténographe de la classe 1916 passait son temps à faire des caricatures remarquablement réussies...

A la salle du travail est jointe une bibliothèque. Les soldats qui ne se lèvent pas peuvent choisir sur un catalogue que possède chaque salle, le livre qui leur plaît, et que leur apporte aussitôt leur infirmier.

Les journaux locaux et les grands quotidiens de Paris arrivent chaque jour et sont distribués dans toutes les salles. Et, naturellement, le communiqué de 15 heures, attendu impatiemment, est affiché dans toutes les salles.

Travaux faits par les blessés.

Dans la salle de travail et dans les autres, les jeux les plus divers ont été réunis. Des cigarettes, des paquets de tabac, du papier à lettres, sont à la disposition de tous. Enfin, le service photographique de l'usine photographie tous les blessés. Chacun d'eux reçoit six photos cartes-postales, qui s'en iront rassurer, au pays, les parents et les amis.

Au troisième étage, une vaste terrasse mesurant 15 mètres de largeur sur 25 mètres de longueur a été aménagée avec des massifs fleuris et des gazons. C'est

La Terrasse.

là, par les beaux jours que les poilus viennent s'étendre pour lire, parler ou fumer tranquillement. Ils dominent la belle plaine de la Limagne, et, devant eux, se dressent les Monts d'Auvergne avec le Puy de Dôme.

Des installations d'héliothérapie y ont été organisées.

Nous sommes aidés dans notre tâche par la bonne volonté charitable et dévouée de beaucoup. Des artistes, et notamment Madame Comès, de l'Opéra; Madame Bonnemoy-Garchery, de l'Opéra-Comique; Mademoiselle de Ter; Madame Eudes, de la Schola cantorum, Messieurs Chizalet, Burlurut, Gémont, artistes Clermontois; Harment, de la Porte-Saint-Martin, se font fête de venir donner fréquemment un concert qui ravit nos braves poilus. M. Desdevizes du Désert, Doyen honoraire de la Faculté des Lettres, fait tous les quinze jours des Conférences qui sont, elles aussi, suivies avec le plus grand intérêt.

Enfin, chaque semaine, une séance cinématographique a lieu, qui déroule 1.500 à 2.000 mètres de films, où le plaisant se mêle à l'actualité.

C'est le grand réfectoire qui tient lieu de salle de concerts et de conférences. Enfin, une pièce aménagée spécialement sert d'église et l'Aumônier attaché à l'hôpital y dit la messe tous les dimanches et jours de fête sur un modeste autel.

Précautions contre l'incendie. — Il faut songer à tout, même aux catastrophes. Toutes les précautions ont été prises minutieusement contre les dangers d'incendie.

Les risques, à vrai dire, sont fort réduits, du fait que l'hôpital est construit en béton armé. Néanmoins, chaque vestibule a son poste de secours, avec seaux d'eau, sacs de sable, extincteur automatique. Toutes les salles sont munies de deux grands postes avec prises d'eau et lances. Un système d'avertissement automatique fonctionne dans tout l'hôpital et les cages des ascenseurs sont garnies, à chaque étage, de portes incombustibles, destinées à empêcher le terrible appel d'air, propagateur d'incendie.

Enfin, tous les lits occupés par des blessés incapables de se mouvoir sont marqués d'une plaque de métal rouge qui indique que le malade doit être immédiatement transporté. Dans ce but, des civières sont rassemblées à la disposition des pompiers de l'usine, dans une aile du bâtiment.

Personnel et dépenses. — Le personnel de l'hôpital se compose, en plus du médecin-chef et du chirurgien, de quatre médecins traitants chargés chacun

Le Personnel médical.

d'un service ; d'un pharmacien et de son aide, de deux radiographes, d'une infirmière-major, de cinq infirmières surveillantes, d'une masseuse, d'une cinquantaine d'infirmières et d'infirmiers, et de vingt-cinq employés divers.

Depuis septembre 1914, les dépenses se répartissent comme suit :

Installations .Fr.	129.784 58
Matériel de chirurgie et pharmacie et fournitures pour pansements . . . . Fr.	235.840 30
Dépenses d'exploitation : alimentation, personnel, etc. . .	962.151 46
TOTAL . . . . Fr.	1.327.776 34

En nous quittant, la plupart des soldats que nous avons eu la joie de soigner et souvent de guérir, nous ont assuré qu'ils emportaient, de leur séjour à l'hôpital, un bon et durable souvenir.

Si nous avons pu apporter quelque adoucissement aux souffrances que la plupart de ces braves supportaient si vaillamment pour la Patrie, il nous semble que nous aurons acquitté un peu de la dette que tout Français a contractée envers eux tous, à qui nous devrons la victoire.

Un peu de statistique. — Au 1ᵉʳ juillet 1917, l'hôpital Michelin avait hospitalisé 2.914 blessés.

Au 1ᵉʳ juillet 1917 toujours, le nombre des sorties était de 2.256. Sur ce nombre, 1.342 soldats étaient proposés pour une convalescence et devaient ensuite rejoindre leurs dépôts.

5 étaient proposés pour le service auxiliaire.

773 étaient envoyés sur d'autres hôpitaux ou centres de spécialités.

92 étaient proposés pour la réforme.

Il y avait eu, enfin,   décès.

On voit, d'après ces chiffres, que près des deux tiers de nos blessés ont pu rejoindre leur dépôt et de là, leurs formations au front.

Durant ces trente-cinq mois, 987 interventions chirurgicales, sous anesthésie générale, avaient été faites.

Il a été pris :

2.493 Radiographies.
567 Radioscopies.
115 Localisations de projectiles.

Il y a eu 1.035 interventions diverses sous anesthésie locale (kélène ou cocaïne), débridements et extractions de projectiles sans anesthésie.

Le nombre des journées d'hospitalisation a été de 159.199, représentant, comme frais d'exploitation proprement dits, et sans compter les soins chirurgicaux et pharmaceutiques, une dépense de 678.691 fr. 23.

Ainsi, une journée d'hospitalisation revient à 4 fr. 26. Sur cette somme 2 fr. 26 sont nécessités par l'alimentation seule.

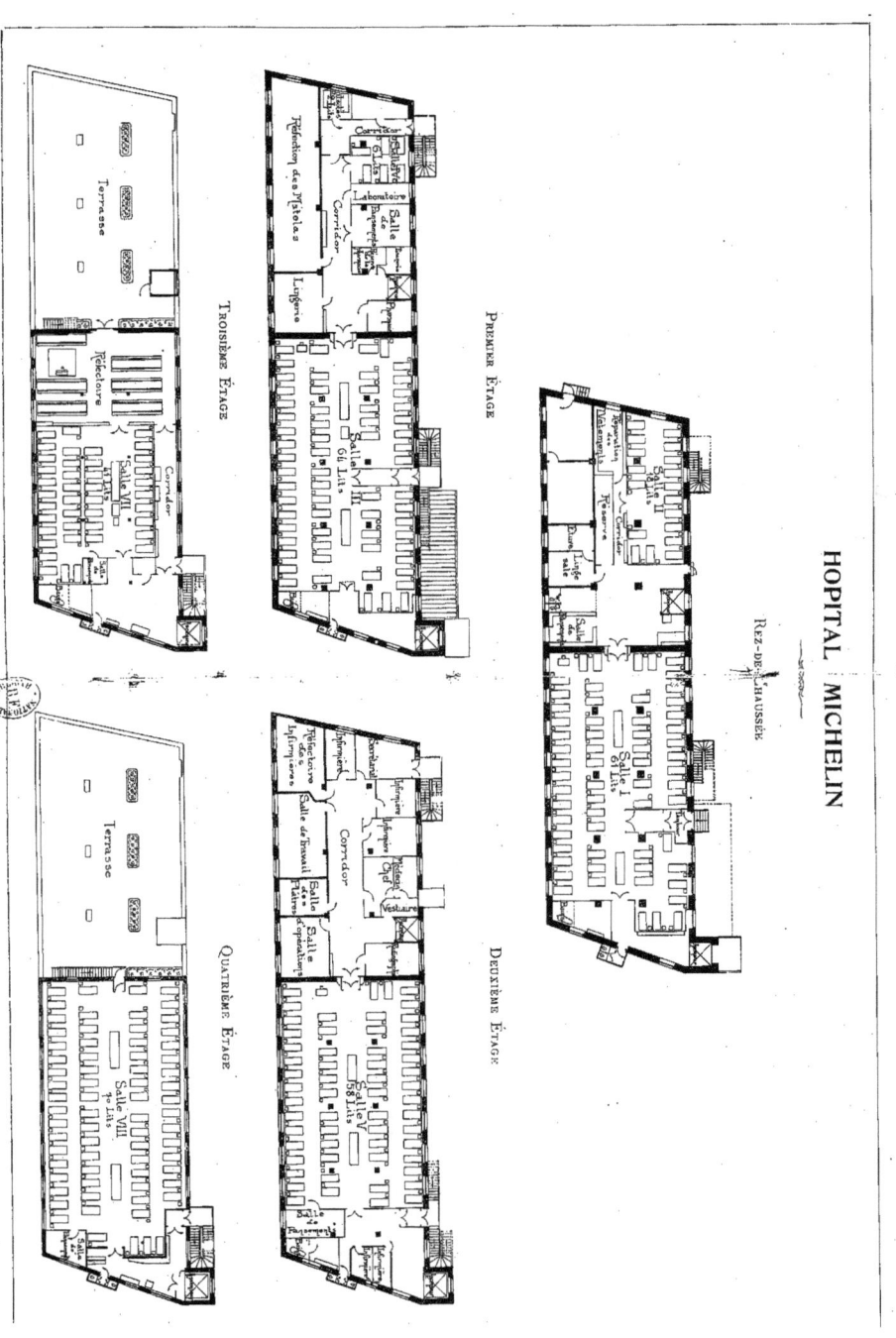

On trouvera plus loin quelques tableaux résumant le va-et-vient des entrées et des sorties, des journées d'hospitalisation, etc., etc.

Nous donnons également quelques radiographies qui nous ont semblé susceptibles d'intéresser nos lecteurs.

Radio n° 1.

Plaie de la cavité orbitaire par éclat d'obus.
(Le projectile se trouve dans le sinus sphénoïdal.)

Radio n° 2.

Plaie de la main par éclats de grenade.
Amputation du médius. Fractures multiples des métacarpiens.

RÉPARTITION DES BLESSÉS PAR CATÉGORIES A LEUR ARRIVÉE A L'HOPITAL

		1914	1915	1916
Blessés		246	734	1.082
Malades		64	379	91
Totaux		280	1.113	1.173
Nature des plaies	Plaie unique	139	357	491
	Plaies multiples	70	293	517
	Blessés sans lésions apparentes	7	84	74
Totaux		216	734	1.082
Agents vulnérants	Balle	118	122	82
	Balle de revolver	»	1	3
	Shrapnell	39	33	22
	Éclat d'obus	48	337	760
	Grenade	»	6	24
	Bombe	9	90	14
	Torpille	»	4	5
	Éclat mine	»	12	1
	Amorce	»	1	3
	Éclat pierre	1	6	1
	Pétard	»	1	»
	Crapouillot	»	1	»
	Brûlure	1	5	1
	Traumatisme	8	64	64
	Hélice avion	»	»	1
	Écrasement	1	3	6
	Gelure	»	17	22
	Gaz lacrymogène	»	1	»
	Asphyxie	»	1	»
	Arme blanche	2	2	3
	Chute	2	»	16
Totaux		229	707	1028

Légendes des Radiographies.

Radio n° 3. — Plaie du crâne par balle (Le corps étranger aperçu est la chemise de la balle retirée à 4 centimètres de profondeur).

Radio n° 4. — Plaie du bassin par éclat d'obus.

Radio n° 5. — Plaie de la fesse par éclat d'obus.

Radio n° 6. — Plaie du genou par balle de shrapnell avec fracture du plateau tibial et destruction de l'articulation.

Radio n° 7. — Plaie du genou par éclat d'obus.

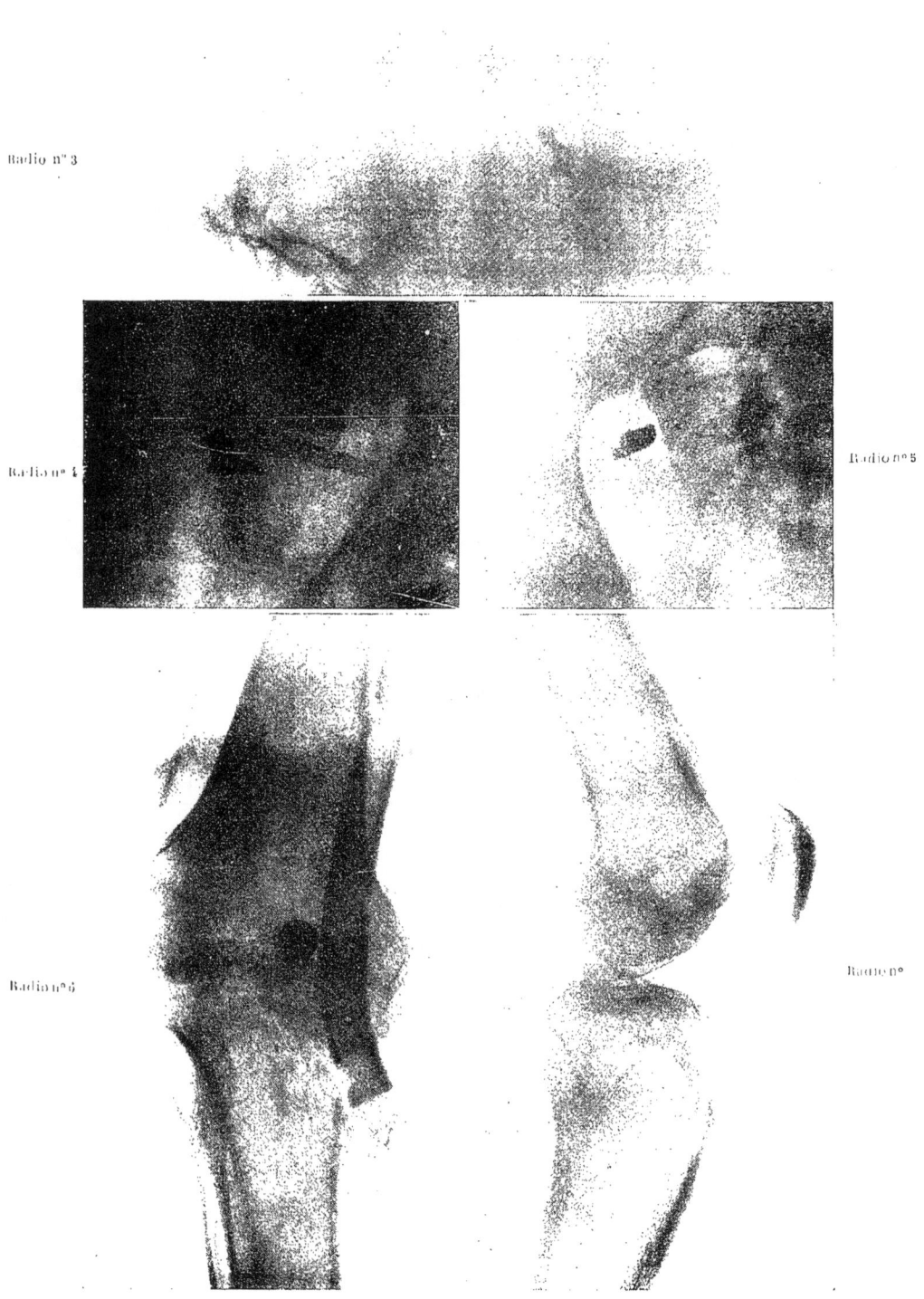

Voir légendes à la page ci-contre.

RÉGIONS OPÉRÉES
(Catégories et nombre)

		1914	1915	1916
Parties molles	Tête et cou	»	6	4
	Thorax	2	18	21
	Abdomen, bassin	3	39	43
	Membres supérieurs	6	26	55
	Membres inférieurs	23	122	131
	Vaisseaux	2	6	16
	Nerfs	»	3	4
	Tendons	»	3	4
		36	223	278
	TOTAL GÉNÉRAL		537	
Parties osseuses	Tête et cou	7	13	1
	Thorax	1	5	9
	Bassin	1	5	14
	Membres supérieurs	5	47	61
	Membres inférieurs	17	50	97
		31	120	182
	TOTAL GÉNÉRAL		333	
Amputations	Membres supérieurs	4	»	1
	Membres inférieurs	4	5	5
		8	5	6
	TOTAL GÉNÉRAL		19	

Légendes des Radiographies.

Radio n° 8. — Plaie du bras par éclat d'obus. Fracture de l'humérus 1/3 inférieur.
Radio n° 9. — Plaie de la cuisse par éclat d'obus.
(Le projectile est près du cul de sac sous tricipital.)
Radio n° 10. — Plaies multiples de l'avant-bras par éclats d'obus avec fracture des deux extrémités du radius et cubitus.
Radio n° 11. — Plaies multiples dans la région du coude par éclat d'obus. Résection du coude. Suture des os (on aperçoit les fils de sutures).

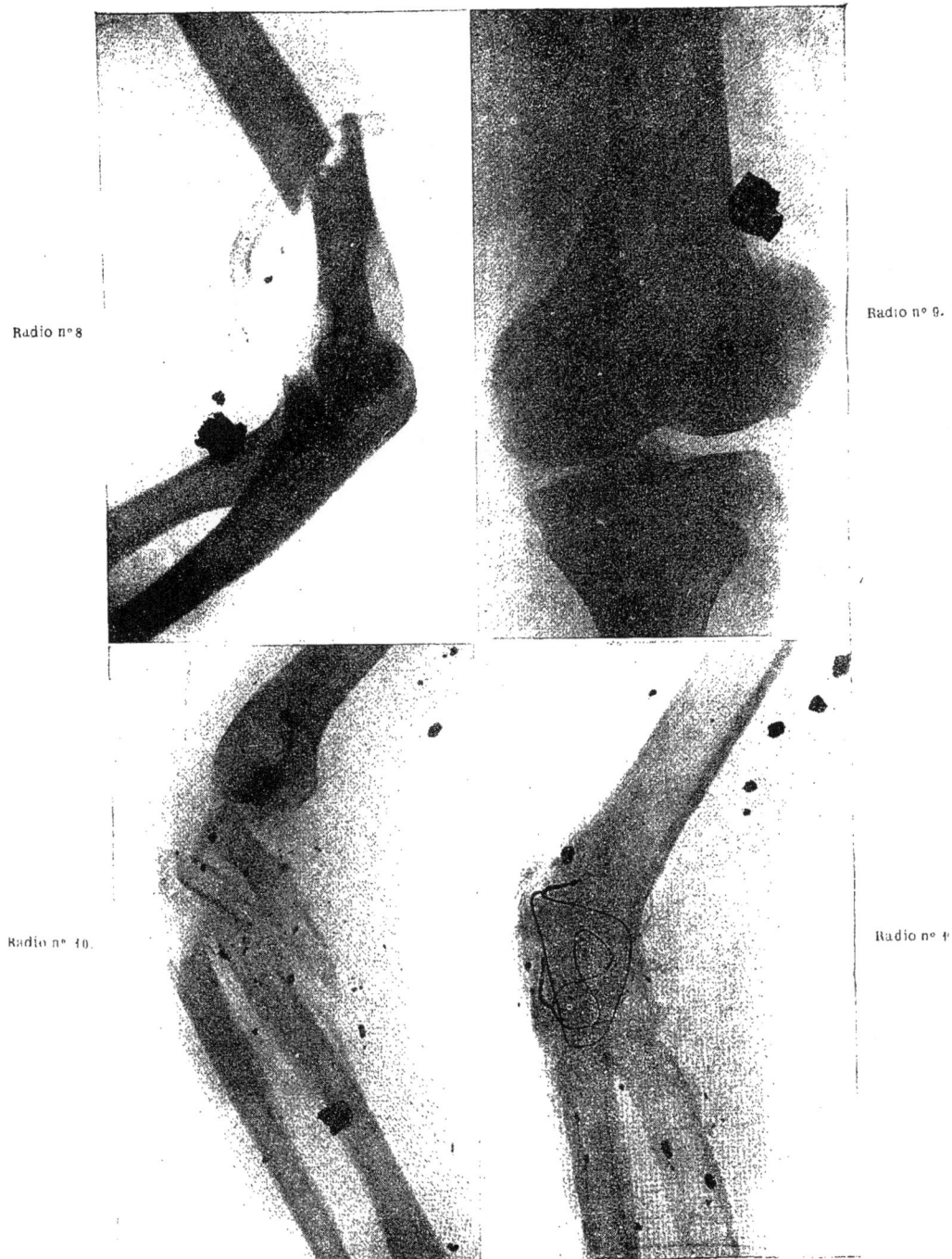

Radio n° 8.

Radio n° 9.

Radio n° 10.

Radio n° 11.

Voir légendes ci-contre.

INTERVENTIONS CHIRURGICALES SOUS ANESTHÉSIE GÉNÉRALE

(Nature et nombre)

	1914	1915	1916	Total général
Curettages.	25	85	126	236
Extractions projectiles	18	64	99	181
Extractions corps étrangers	»	4	5	9
Débridements	5	51	72	128
Régularisations moignons ou cicatrices	1	14	23	38
Ligatures vaisseaux	2	6	16	24
Sutures tendons	»	3	2	5
Libérations nerfs	»	3	4	7
Résections	7	6	22	35
Trépanations	4	7	2	13
Sutures osseuses { Plaques de Lambotte	»	»	5	5
Sutures osseuses { Fil de bronze	3	7	17	27
Esquillectomies	10	33	47	90
Amputations doigts	»	14	6	20
Amputations orteils	»	6	7	13
Greffes	»	4	9	13
Ponctions	»	5	4	9
Hernies	3	23	23	49
Hydrocèles	»	4	2	6
Appendicites	1	5	4	10
Hémorroïdes	»	2	2	4
Drainages	»	8	16	24
Régularisations orteils	»	»	10	10
Ténotomies	»	»	2	2
Astragalectomies	»	»	5	5
Arthrotomies	»	»	5	5
Amputations de membres	8	5	6	19
Totaux	87	359	541	987

Légendes des Radiographies.

Radio n° 12. — Plaie du bras par éclat d'obus.
Radio n° 13. — Plaies de l'avant-bras par balle. Fracture esquilleuse des deux os.
Radio n° 14. } Résultat après opération et guérison de la fracture (vue de profil).
Radio n° 15. } La même vue de face.

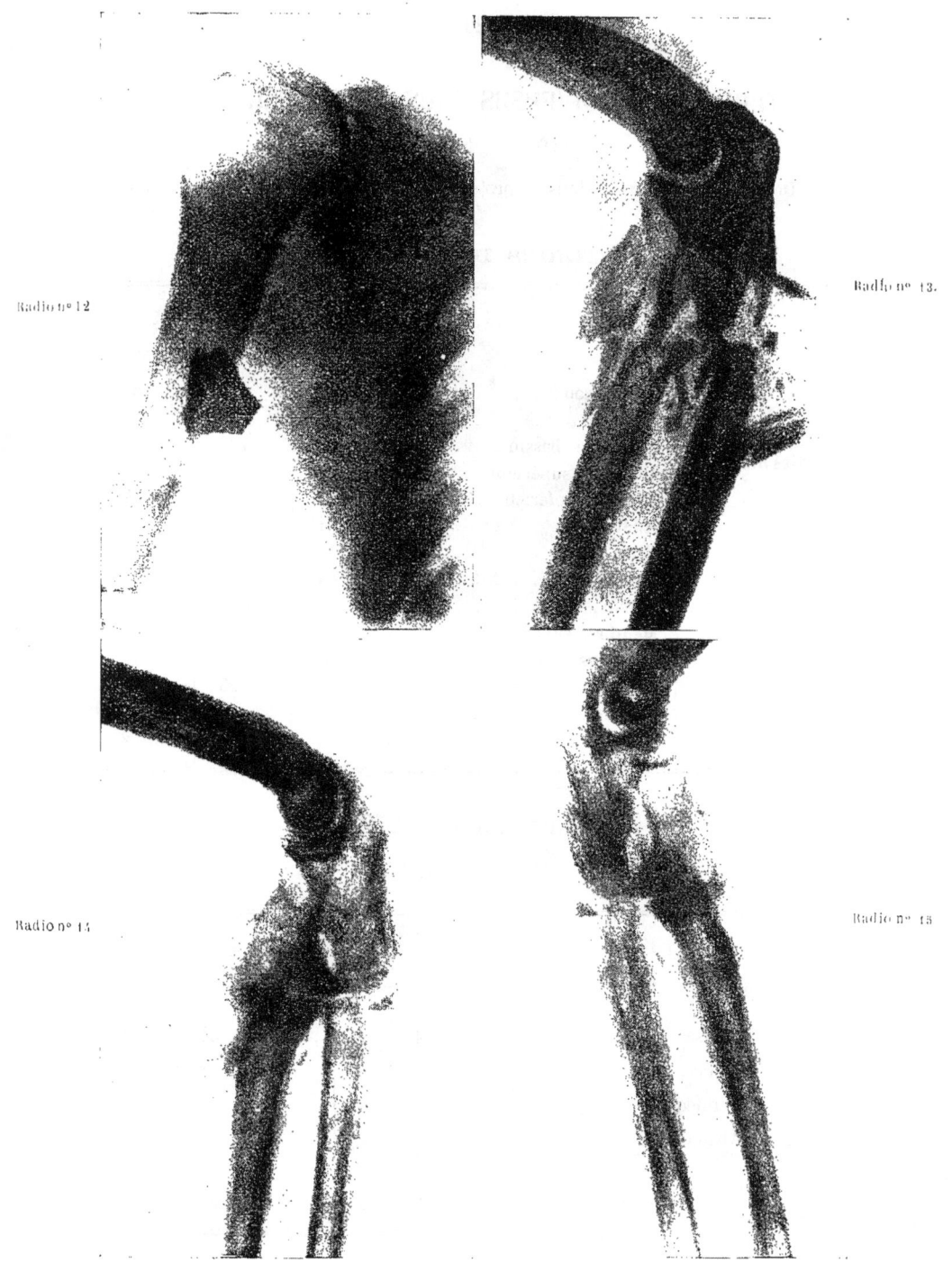

Radio n° 12. Radio n° 13.

Radio n° 14. Radio n° 15.

Voir légendes ci-contre

INTERVENTIONS DIVERSES SOUS ANESTHÉSIE LOCALE

(Kélène ou cocaïne)

Débridements et extractions de projectiles sans anesthésie 1.035

RÉGIONS DES LÉSIONS

		1914	1915	1916
Parties molles.	Tête et cou	17	123	85
	Thorax	32	81	171
	Abdomen, bassin	30	103	91
	Membres supérieurs	75	214	285
	Membres inférieurs	88	347	632
	Anévrisme	1	1	2
Parties osseuses.	Tête	6	31	12
	Thorax	4	10	13
	Bassin	1	8	13
	Membres supérieurs	51	50	83
	Membres inférieurs	29	72	144
Amputés.	Membres supérieurs	3	23	11
	Membres inférieurs	7	13	58
Énucléées.		1	10	2

APPAREILS PLATRÉS

(Nature et nombre)

	1914	1915	1916	Total général
Appareils à anses	2	17	32	51
Appareils Delbet	»	4	8	12
Appareils Hennequin	»	2	4	6
Appareils Abadie	»	»	6	6
Totaux	2	23	50	75

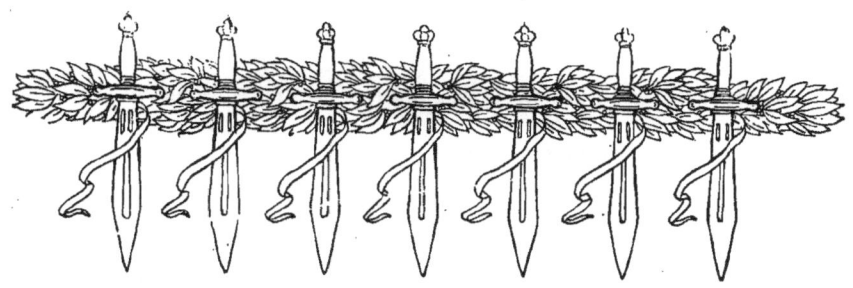

LES USINES MICHELIN ET LEUR PERSONNEL
pendant la Guerre.

Le jour de la mobilisation, pendant que les cloches de la Cathédrale sonnaient et que les sirènes de l'Usine hurlaient, 2.000 hommes quittèrent leur travail, sans un cri, sans un chant, avec la froide détermination de gens qui ne demandaient qu'à rester en paix, mais qui étaient prêts à faire leur devoir jusqu'au bout (et

Maison collective de la Rodade, à Montferrand.
37 logements dont : 3 de 2 pièces, 17 de 3 pièces, 12 de 4 pièces, 5 de 5 pièces.

qu'il nous soit permis de dire ici que, d'après l'expression de leur visage, on pouvait prévoir l'héroïsme du soldat français), et sortirent pour aller dire adieu à leur famille avant de partir pour le régiment, laissant à leurs anciens non mobilisés le soin de terminer le travail en cours.

La paye de tous ces hommes, dont quelques-uns devaient être rendus à leur corps dès le lendemain matin, fut exécutée dans la nuit, entre minuit et 2 heures du matin.

Tous faisaient partie de la réserve de l'Armée; la plupart étaient mariés et laissaient derrière eux une femme et des enfants.

Maison de 2 logements de 4 pièces chacun (Av^e de la République) entre Clermont et Montferrand.

Allocations aux mobilisés. — Pour tranquilliser ceux qui partaient ainsi pour nous défendre, qui s'en allaient avec l'angoisse de laisser les leurs sans ressources suffisantes, pour dégrever aussi les finances de l'État, nous leur avons

Maison de 4 logements de 3 pièces. — Av^e de la République entre Clermont et Montferrand.

annoncé que nous créions immédiatement, pour leur famille, des allocations qui se montaient à la somme de 2 francs par jour pour la femme et de 1 franc pour chacun des enfants.

Ces allocations sont sensiblement plus fortes que celles que donne l'État. Aussi, nos ouvriers mobilisés ont-ils pu s'en aller tranquilles, en sachant que la vie matérielle de leur famille était assurée.

2 bâtiments semblables, Av^e de la République, entre Clermont et Montferrand.
{ 4 logements de 2 pièces.
30 logements de 3 pièces.
1 logement de 4 pièces.

Au 1er décembre 1916, en vertu de cette décision, plus de cinq millions avaient été versés.

Notre personnel non mobilisé a tenu, lui aussi, à faire preuve de solidarité envers les camarades partis sous les drapeaux. Dans nos seules usines de France,

Maisons de divers types, Av^e de la République, entre Clermont et Montferrand.

employés et ouvriers ont versé chaque mois, par prélèvement sur leurs appointements et salaires, des sommes qui dépassent à ce jour 371.717 francs.

Cet argent est venu en aide à beaucoup d'œuvres de secours, mais il a principalement été affecté à de nombreux achats de vêtements, de conserves, de réchauds, de tabac, enfin, de tout ce qui pouvait être envoyé utilement, soit aux soldats du front, soit aux prisonniers en Allemagne.

Aide aux familles nombreuses. — Tout le monde en France inscrit en tête du programme national le devoir d'encourager la repopulation. *Des poupons, des nourrissons!* telle est la formule qui succédera forcément à la devise guerrière : *Des canons, des munitions!*

Nous faisions partie depuis plusieurs années, de « l'Alliance Nationale », dirigée par M. Bertillon et M. Kleine, et nous avions recherché, spécialement en 1914, par quels moyens nous pourrions aider notre personnel à constituer des familles nombreuses, en allégeant les charges pécuniaires et les préoccupations qui en résultent.

Déjà, avant la guerre nous donnions, à la naissance de chaque enfant, un secours de 30 francs, et, si la mère travaillait à l'Usine depuis au moins neuf mois, ce secours était de 90 francs.

Groupe de maisons ouvrières de la Rodade, près Montferrand.

Depuis, nous avons créé en plus des allocations qui sont versées aux parents dès la naissance du deuxième enfant et des pensions à partir du troisième, jusqu'à ce qu'ils aient atteint leur seizième année.

Les allocations à la naissance du deuxième enfant sont de 20 francs par mois pendant la première année et de 10 francs pendant la seconde.

Dès le troisième enfant, ce sont les pensions qui sont servies aux ayants droit jusqu'à ce que cet enfant ait atteint sa seizième année.

Voici comment sont proportionnées ces pensions suivant le nombre d'enfants :

	Par an.	Par mois.
Pour 3 enfants	540 »	45 »
4 —	648 »	54 »
5 —	744 »	62 »
6 —	828 »	69 »
7 —	900 »	75 »
8 —	960 »	80 »

Pensions pour les Orphelins. — Il ne suffit pas d'encourager la vie de famille, il faut adoucir le souci si légitime du père qui se demande avec angoisse ce que deviendraient ses enfants s'il venait à leur manquer.

C'est pourquoi nous avons institué, en cas de mort du chef de famille, des rentes annuelles que les enfants touchent également jusqu'à leur seizième année.

Partie est de la Cité de l'Av° de la République, entre Clermont et Montferrand.
Dans le fond, on aperçoit la cité de la Rodade (Montferrand) avec sa maison collective et ses maisons individuelles.

Voici la progression suivie par ces rentes :

	Par an.	Par mois.
Pour 2 enfants	300 »	25 »
3 —	840 »	70 »
4 —	1.050 »	88 »
5 —	1.200 »	100 »

Veuves et Orphelins de la guerre. — Les pertes cruelles qu'avait subies notre personnel — dues, en grande partie, à ce qu'il avait fait très largement son devoir — attirèrent notre attention sur la situation des veuves et des orphelins de la guerre.

L'État donne une rente à la veuve, mais par un oubli, que, nous l'espérons, il jugera bon de réparer, il ne lui donne rien de plus si elle est chargée de famille.

Nous voulûmes combler cette lacune et, dès la date du 17 février 1915, nous annonçâmes à notre personnel sous les drapeaux que nous instituions les pensions suivantes :

Pour 1 enfant . . . . 400 »
      2 — . . . . 600 »
      3 — . . . . 800 »
      4 — . . . . 950 »

La coopérative du personnel Michelin.

Nous avons cherché par ces mesures, à prendre une part utile et immédiate à l'accomplissement du plus sacré des devoirs nationaux : celui de la protection de la race.

En encourageant et en aidant fraternellement nos ouvriers, nous avons voulu que la naissance d'un enfant ne soit plus pour eux un accroissement de charge et un sujet de crainte.

A côté de ce soutien matériel, nous nous efforcerons, aidés en cela par nos vieux et fidèles employés et ouvriers, de donner aux veuves le soutien moral dont elles peuvent avoir besoin pour faire de leurs enfants des hommes utiles et de braves gens.

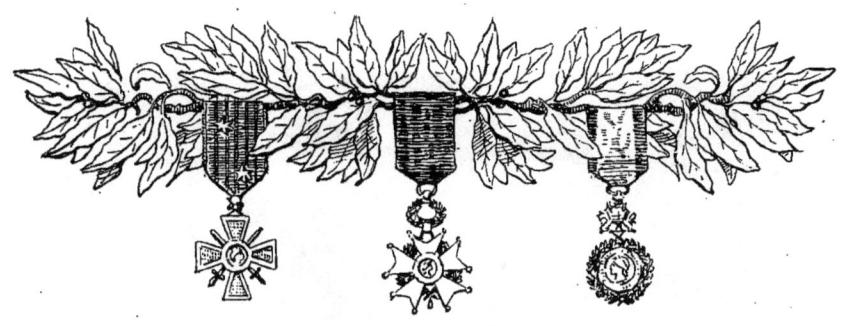

Personnel mobilisé des Usines Michelin

Parmi le personnel de nos usines de Clermont et celui de nos filiales, 3.110 Français ont été mobilisés.

A ce jour nous avons à déplorer la mort de   de ces braves qui sont tombés sur les champs de bataille en faisant vaillamment leur devoir.

Nous comptons actuellement 95 combattants réformés, classés dans les services auxiliaires ou en instance de réforme pour blessures ou maladies contractées en service commandé.

Presque tous ces réformés ont repris leur travail à l'usine, soit dans leur ancien poste soit dans un nouveau plus en rapport avec leur état.

Officiers. — A la déclaration de guerre, nous avions dans notre personnel 45 officiers de réserve ou de territoriale :

12 sous-lieutenants, 29 lieutenants, 4 capitaines.

Aujourd'hui nous comptons 97 officiers.

Malheureusement,   de ces braves sont morts au Champ d'Honneur.

Citations et décorations. — Chaque jour nous apporte de nouvelles preuves du courage et du dévouement de nos mobilisés sur le front.

Les citations dont ils ont été l'objet sont plus éloquentes que tout ce qu'on peut dire et font le plus grand honneur à ceux qui les ont méritées.

Jusqu'à ce jour, le nombre des citations que nous avons enregistrées est de 450.

En outre, 8 officiers ont été nommés chevaliers de la Légion d'honneur;

26 sous-officiers, caporaux ou soldats décorés de la Médaille militaire ;

1 soldat décoré de la Croix de Saint-Georges (Russe).

Nous sommes fiers de notre personnel qui, animé du plus grand esprit de sacrifice, souffre et lutte depuis trente-huit mois pour libérer le territoire de la souillure allemande et assurer au monde une paix durable.

Un atelier d'obus.

Un coin de l'atelier d'aviation.

LES USINES MICHELIN ET LA DÉFENSE NATIONALE

En temps de paix, une usine bien organisée et qui possède une force motrice considérable est, pour le pays, une source certaine de prospérité. En temps de guerre, elle devient aussitôt un des principaux éléments de Défense Nationale et les ressources qu'elle offre sont plus considérables qu'elle ne le pensait elle-même.

Naturellement, nos usines ont fourni tous les produits de leur fabrication normale : enveloppes, chambres à air d'automobiles et de vélos, pneus de secours, « jumelés », chaînes pour rouler dans la boue et la neige, etc.

Alors que, dans l'industrie du caoutchouc, les objets manufacturés de toute espèce ont tous subi des augmentations considérables, nous avons renoncé à tirer un profit quelconque des commandes de l'armée et nous avons longtemps maintenu, sans augmentation, le prix de nos pneumatiques, malgré le renchérissement général. C'est seulement en janvier 1917 et pour obéir à une nécessité inéluctable, que nous avons dû faire un tarif en hausse ; mais, pendant les dix-sept premiers mois de guerre, nous avons pu éviter la perturbation des cours qui avait atteint tous les autres produits.

Outre ces fabrications qui sont les nôtres, nous avons dû, aux premiers mois de la guerre, parer à des demandes urgentes de l'armée. Nous avons dû à l'improviste fabriquer des tentes, des sacs de couchage, des manteaux imperméables, des musettes-mangeoires et jusqu'à des fers à chevaux, des machines et du matériel pour l'Arsenal notre voisin. Puis, quelques-uns de nos ateliers furent aménagés pour la fabrication des obus.

Nous aurions à ouvrir ici un grand chapitre sur l'aviation et ce que nous avons fait dans ce domaine, mais celui-ci appartient à la Défense Nationale. Nous considérons qu'il est de notre devoir de ne pas en parler.

En hâtant la mise au point de longues études faites antérieurement à la guerre, nous avons pu doter les camions de l'armée d'une roue pleine qui n'a rien à craindre, ni des balles, ni du terrible état des routes. Formée par un disque, notre « roue » se fixe au moyeu simplement par six écrous.

Elle se change donc avec la plus grande facilité. C'est réellement la vraie roue de guerre, robuste, à l'abri de l'influence de la chaleur et de l'humidité. Elle a rendu les plus grands services sur les pistes détestables qui entourent Salonique.

Au 1er mars 1917, nous en avions déjà livré 40.000 pour les besoins des armées françaises ou alliées.

Les versements d'or et les emprunts. — Comme tous les Français qui veulent hâter la victoire, nous avons souscrit aux emprunts. Pour faciliter par tous les moyens les souscriptions de notre personnel, les gratifications de fin d'année ont été avancées et nous avons accepté la transformation, en Bons de la Défense, de tous les comptes de garantie que possédaient chez nous nos collaborateurs.

Profitant de ces facilités, notre personnel a mis le plus grand empressement à répondre à l'appel du pays.

Les souscriptions de l'usine, de ses employés et de ses ouvriers ont atteint 14 millions 300.000 francs pour le premier emprunt et 18 millions de francs pour le deuxième !

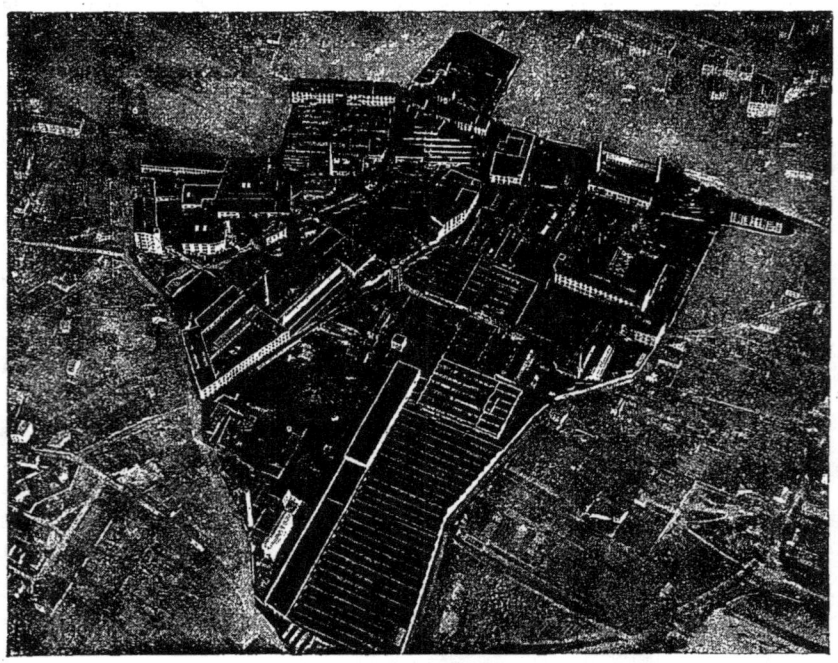

Vue des usines Michelin prise à vol d'avion (Superficie totale : 180.000 mètres carrés).

Clermont-Ferrand, Juillet 1917.

IMP. CHAIX. — 2-1980-4-19.

www.ingramcontent.com/pod-product-compliance
Lightning Source LLC
Chambersburg PA
CBHW060505050426
42451CB00009B/827